Luciano Padrón Gómez

Rosas de Cristal

Poemas

ISBN: 978-84-606-6215-0

Depósito legal: TF 137-2015

Impreso en España

PRÓLOGO

Escribir el prólogo de un libro es algo relativamente difícil no por la descripción del contenido sino por la obligación de dar a conocer a su autor.

Para mí, desde el cariño que siento por él y teniendo en cuenta las veces que he leído todos y cada uno de esos poemas resulta una tarea muy grata.

Creo que Luciano Padrón es poeta antes de saber escribir porque desde que yo lo recuerdo rimar palabras para él era un juego.

Este libro, ópera prima que hoy sale a la luz, es una selección de los cientos, tal vez miles, de poemas que ha escrito durante su ya larga vida y aunque desgraciadamente muchos se han perdido definitivamente han llegado numerosos de ellos hasta nosotros, los suficientes para llenar varios libros y regalarnos muchas horas de entretenimiento.

Esta obra tiene una gran frescura nacida de la espontaneidad y la desenvoltura a la hora de versificar del poeta. En ella podemos encontrar poemas de una fragilidad excepcional como el de Rosas de Cristal, que da título a este libro. De una profundidad tan majestuosa como la que advertimos en El Negro. Cantos al Amor y a la Tristeza. A la esposa. A los nietos. Emergen sentimientos tragicómicos que nos hacen aflorar tan pronto una sonrisa como un suspiro que rompe el pecho.

Todo hombre para considerarse tal tendría que tener un hijo, plantar un árbol y escribir un libro. Las dos primeras condiciones se han cumplido. La tercera, con la publicación de este poemario, también.

Solo nos queda, desde estas líneas, desearle al autor mucha suerte en esta nueva andadura y que a sus lectores les guste tanto como me ha gustado a mí.

Alejandrina Padrón

DEDICATORIA DEL AUTOR

He escrito un libro con la pasión y el cariño del que le gusta aspirar el aroma de una flor.

Se lo dedico a mis cinco mujeres, a mi esposa Carmina por aguantar mis desvaríos de idealista loco y romántico, por soportarme durante tanto tiempo regando el camino de ternura, amor y paciencia.
A mis dos hijas Raquel y Elisa, que aunque no les haya sabido expresar siempre mis sentimientos, ellas saben lo mucho que las quiero.

A mi madre Holanda y a mi padre Helenio, que son los culpables de mi ADN y los que siempre están presentes en mis pensamientos.
A mis dos nietos existentes, Mateo y Martina, torrente de agua fresca en estos momentos postreros de mi existencia y a alguno más si en el futuro me lo deparara el destino.

A mi hermana Alejandrina, la principal culpable e instigadora de que estas líneas hayan salido a la luz, por hacerme creer que no debería dejar dormir un sueño eterno en un cajón algunos de mis poemas a los que despertó a la vida. Sin ella esta ilusión no hubiera sido posible

Y por último a la familia Padrón de Santa Cruz de Tenerife y de Venezuela, de donde creo que proviene mi vena luchadora y poética.

A todos un millón de gracias por leerme y por tratar de comprender mi osadía al atreverme a escribir este libro que solo contiene experiencias, sentimientos y fantasía.

REFLEXIONES DEL AUTOR

No soy nada, no existo, soy menos que una molécula volando por el espacio en busca del nunca jamás. Un grano de arena en el desierto es una gran montaña que nunca podré escalar, soy etéreo, me alimento solo de sueños, de ilusiones, de fantasías, no tengo corazón porque ha encallecido, porque se ha petrificado recorriendo el mundo, tragando el polvo, lanzando la simiente por distintos continentes, recogiendo sudor, lágrimas, fango. Planetas sin estrellas, sin luna, sin sol, sin esperanza, donde vomita el poderoso sobre el débil, donde las religiones no tienen respuesta.

No obstante no me resigno, lo finito no mora en mí, seguiré caminando descalzo, sobre brasas ardientes. Las afiladas rocas del camino no rasgan mi piel porque mi mente hace que cabalgue sobre de ellas, porque voy en busca de la sonrisa perdida, del hambre con fauces de ogro, de la malaria con piel de serpiente que vive eternamente en espera de una vacuna, de una esperanza que nunca llega, porque sus muertos son menos que viruta, que cenizas de carbón. Solo forman parte de mi pensamiento, de la intricada pesadilla de mis sueños por los que moriré en vida y por los que me daré vuelta en mi tumba y resucitaré, pues aunque muera en la memoria flotaré en el aire como alma en pena hasta ver hecho realidad mis lamentos.

ROSAS DE CRISTAL

Rosas de cristal, rosas delicadas
La más frágil rosa que nunca encontrara…
Ellas se pensaban que al ser cortesanas
Siempre lograrían ser idolatradas

El agricultor que las cultivaba
Se marchó de pronto sin una palabra
Ellas se lamentan. Están extrañadas
Que siendo tan bellas estén descuidadas

Están indefensas, se encuentran cansadas
Pues del jardinero quedaron prendadas
Evocan sus manos, sus dulces palabras
De su larga ausencia están preocupadas

Esto solo ocurre en cuentos de hadas…
Primero perdieron su dulce fragancia
Al pasar el tiempo fueron olvidadas
Y un día murieron al no ser amadas

¿Lo que a las rosas a cuantos nos pasa?

Nos ilusionamos con falsas fachadas.

Castillos de arena construyo en la playa

Y las olas llegan y me lo arrebatan.

EL POETA

Ser poeta amigos, permitan que les diga,
Es saber paladear los frutos de la vida
Degustar sus noches disfrutar sus días.
Es brindar con champaña si no ves la salida.

Sentir que el verso tiene ardiente vida,
Que su corazón late y la sangre vibra,
Es extasiarse con la luna cuando brilla
Y en las opacas noches oír la citara.

El rapsoda hace que la palabra fluya,
Como torrentes que en el rio retumba
Cascadas de palabras alborotan mi mente,
Y la borrasca atrae las frases relucientes

Levantarse raudo aunque haya mil caídas,
Que sepa la gente que ni muerto cesaría
De intentar arrancar el néctar de la herida,
Y que naciera el pasto de mi sangre perdida

Es amar con pasión aunque el alma este dolida

Y que surja el verso cuando la soga asfixia

Y si el indomable océano agrietara tu quilla

Que la pluma trace tu mejor fantasía

Ser pintor, escultor, lagarto o termita.

Volar como ave o reptar como víbora,

Con amargo de hiel o como nao perdida,

Pero siempre tocando las cuerdas de la lira.

De gente moribunda y triste melodías

Que el vate las transforma en dulce poesía,

Que no se acabe nunca la prosa florecida

Ni el verso que revienta en su justa medida.

Es escribir la historia con ritmo y armonía

Sin intereses lúdicos que lleven a porfía

A mí no me interesa arrojo o valentía

Ni de los falsos héroes su lujo y villanía

Es que te brote el verso ante la flor más linda,

Pero que la musa sea sensible a las desdichas

Que denuncie con fuerza abusos y avaricias
Y que la luna llena sonría complacida

A mí que no me engañen con falsas profecías,
De dioses opulentos de crueles fantasías,
Me gusta que el rapsoda rechace injusticias
Y su péndula sea la espada que a ellas se resista.

Es encontrar belleza en el trigo y la semilla,
En la fragancia a flores a tilo y manzanilla
En los siete colores que en el arco iris brillan,
O en la lóbrega noche en que las sombras chillan

Es disfrutar los segundos de forma sencilla
Recrear el presente sin ponerle medida
Renunciar al pasado como causa perdida
Y afrontar el futuro de manera atrevida.

Que siempre exista un loco, un necio idealista
La fuente no se seca tan solo está dormida
Que el chorro es un torrente de agua cristalina
Que al escritor inspira baladas ya perdidas.

EL NEGRO

En el continente negro,
En negra tribu habitaba,
Con mis negros pensamientos,
Dentro de mi negra cara.

Siendo yo negro pequeño,
Mi abuelo negro narraba,
Viejas historias de piratas,
Que a las costas arribaban.

Negras banderas ondeaban,
En la carabela anclada,
Dentro la negra bahía,
Que las rocas custodiaban.

Pronto vieron descender,
De una escala que colgaba,
Negras botas, negras capas,
Negros garfios y negra entraña.

Los corsarios saqueaban
Todo lo que se encontraban,
Y se llevaban de esclavos,
A aquellos que no mataban.

Negras sus cuatro pistolas,
Negro, negro, su sudor,
Negras son sus intenciones,
Negro cielo, negro horror.

A partir de aquella fecha,
Negra mi aldea quedó,
Negro fuego, negro humo,
Nueva enfermedad broto.

De un filibustero negro,
Me contaron que contaba,
Que venía de una tierra,
Donde lo negro no odiaban.

Negra hambre, hambre negra,
Por la montaña bajaba,

Desbastando negros campos,
Desgarrando nuestra fauna.

Negro color de la muerte,
Negro color del dolor,
Negro de las noches negras,
Negro de mi corazón.

Harto de tanta negrura,
Eché la casa a la espalda,
Y bordeando caminos
La negra patria dejaba.

Cruce la frontera negra,
Un negro país pisaba,
Y una negra policía,
Mi cuerpo negro encerraba.

Por negra ley sentenciaba,
Un blanco juez que allí estaba,
Toga negra, barba negra,
Con negro verbo él hablaba.

Con un lamento muy negro,
El buen negro se quejaba,
De las negras injusticias,
Que en el barracón pasaban.

Negro el futuro del negro,
Negra toda su esperanza,
Negro el blanco que margina,
El orgullo de una raza.

Con una sotana negra,
Risa negra, entrecortada,
Un hombre quiere explicar,
Lo que yo no me explicaba.

Un dios negro, negro, negro,
Cosas negras predicaba,
Y una lagrima muy negra,
Por el rostro resbalaba.

De la negra cárcel negra,
Me fugué o me desterraban,

Después de sufrir torturas,
Vejaciones y malaria.

Trabajé por el sustento,
Me sustentaba con nada,
En negra calle vivía,
Con negro hedor me acostaba.

Negros nubarrones, negros,
Negro retumba el tambor,
Negro el "tam tam" de mi pueblo
Negra el alma del patrón.

Con la negra borrachera,
Negra nostalgia arribó,
Y hasta la droga más negra,
Mi negra sangre probó.

Entonces la vieja sombra,
Negra limosna imploró,
Y la sucia mano negra,
Negras injurias cobró.

En el pozo del olvido,

El pobre cayó,

Paciente espera la muerte,

En su lecho de terror.

Ante tan negra tardanza,

Nuestro negro se mató,

Que no lo lamente nadie,

Que su lucha ya acabo.

EL VIAJE

Deja que empiece por tus cabellos,
Y que recorra entero todo tu cuerpo,
Que me enloquezca con sus destellos,
Y como una flecha transcurra el tiempo.

Cuando tu pelo refleja el sol, es mi caleta,
En ella me refugio si algo me inquieta,
Si lo sueltas el aire lo convierte en su veleta,
La lira vuela, el verso flota, surge el poeta.

Son tus ojos dos perlas que me cautivan,
Dos flechas silenciosas que tú me envías,
Que me comprenden... que me acarician...
Con ellos me desnudas y me das vida.

Son tus labios amada, fruta jugosa,
Me saben a manzana y a malva rosa,
Que me erotizan que me embelesan,
Y se vuelven rubíes cuando me besas.

Es tu imagen paloma, figura al viento,
Que lo forja la gracia y el movimiento,
Con el tu logras que algún lamento,
Se transforme en envidia o en sentimiento

Tus pechos dos tórtolas acurrucadas,
Deseando que acudan a acariciarlas,
Están temerosas, están asustadas,
En espera del hombre que sepa amarlas

Tu cintura de alpispa es gran molinete
Que a tu cadera ardiente le dice muévete
Con ella me provocas y me retienes
Intento separarme pero imán tienes.

Tus piernas son tan largas como palmeras
Que me trastornan, que son quimeras,
Con dátiles más dulces que las mistelas,
Y con aroma a las flores de mi rivera.

Y tu silueta hasta las náyades la vitorean,
Si la cimbreas las flores suspiran y se recrean

Como te celan, como igualarte ellas quisieran

Y los pájaros con sus cantos te piropean.

EL HASTÍO

No sé qué tienes. No sé qué pasa.
No sé qué ocurre en esta ocasión.
Cuando te busco ¡No encuentro nada!
¿En que ha quedado nuestra pasión?

Es cosa rara. Nuestro cariño,
Que producía tanta emoción,
Se va alejando muy quedamente,
Se va quedando sin ilusión

¿Es que el hastío seco el camino?
¿Es que no escuchas nuestra canción?
¿Es la distancia? ¿Llegó el olvido?
¿Qué tempestades lo destruyo?

Sé que si pides sabio consejo,
Es muy sencilla la conclusión,
Voló el capricho, solo fue un sueño,
Una locura...una ficción

27

Con paso firme, muy decidido,
Lleno de angustia, pleno de amor,
Fui recorriendo vastas veredas,
Hasta adentrarme en tu corazón.

Yo no quería hacerte daño,
Únicamente ser trovador,
Mas fue tu hechizo arma invisible
Y tu dulce encanto me fascinó.

Que noche aquellas, cuantos placeres,
Llenas de encanto y seducción,
En que tus ojos me cautivaban
Y me besabas con libación.

Les prometimos a las estrellas
Eterna dicha, longevo amor,
Algún lucero se sonreía
Y la luna llena nos protegió.

Transcurre el tiempo infatigable,
Toda la dicha se disipó

Llegó el cansancio brotó el hastío,
El fuego erótico ya se apagó.

De este caos ningún culpable
Esta batalla nadie ganó,
Mas la tristeza reina en mi alma,
Cuando estos versos escribo yo.

HOY BRILLA UNA ESTRELLA

Hoy que en el cielo brilla una estrella,
La miro silencioso y pienso en ella,
Paseo por la playa a mis tristezas,
Con las olas arrullo a las hondas penas.

Acaricio las olas y hay luna llena,
¿Qué le pasa a mi amada que no me espera?
Descalzo yo me adentro buscando el piélago,
Huyendo de emociones y sentimientos.

Pero te encuentro...Siempre te encuentro.
En los amaneceres o con el viento.
¿Qué me olvidaste? ¿Qué ya no escribes?
Nada de eso me importa si me bendices.

MUJER DEL NORTE

Mujer del norte, mujer eterna,
Forjada en las ventiscas de tu tierra,
Alma sensible...alma tierna...
Alma que vuela, vuela y vuela

Con piel de nieve y de terciopelo
Tus labios rojos bello señuelo
De acero el espíritu de bronce el cuerpo,
Tus pechos dos montañas llenas de fuego.

De mares fríos y fuertes vientos
Donde ella mece sus sentimientos
De días cortos y largos sueños
Y grandes ojos que dan sosiego

De adioses tristes y sin consuelo
Y de reencuentros plenos de anhelos
De no rendirse nunca si hay un sueño
Y un espíritu lleno de sentimientos

EL TERREMOTO

Nicaragua a ti te canto,
Ciudad arrasada por dolor y llanto
Ciudad enlutada por la fuerza ajena
Que desconocemos y que nos enerva

¿Cuál es tu pecado? ¿Qué fue lo que hiciste?
Por muchos que fueran y santo no soy,
No te castigara con tanto rigor
Esa decisión es del Creador.

Veo yo tus calles y no me consuelo,
Las lágrimas brotan y no las contengo,
Comparto tus penas y tus sufrimientos,
Que nadie lo dude, ¡tu pueblo es mi pueblo!

Pongo mis denuedos y mis sentimientos,
Al servicio tuyo, aunque muera en ello,
Un ejemplo vivo de mi abatimiento,
Es la dura pugna contra el desaliento.

No creo en fronteras ni en resentimientos,
Todos son hermanos el blanco y el negro,
Nacidos algunos en distintos suelos,
Pero con el mismo corazón y credo.

Veo yo a los niños, mujeres y hombres,
En los callejones con grandes temores,
Vagan lamentando tanto desatino,
Sin que el firmamento señale el camino.

Veo a esa mujer que desesperada,
Se aferra a una carne ya despedazada,
Donde se figura abrazar al hijo,
De negros cabellos y fino vestido.

La locura está inyecta en sus ojos,
Por lo cruel del mundo y de sus antojos,
Solo se me ocurre con voz recortada,
Decirle, son pruebas que el destino manda.

La mujer que antes era muy cristiana,
Ya no cree en Dios ya no cree en nada,

Solo se conforma teniendo a su lado,
Un sepulcral cuerpo casi putrefacto.

Miro a ese muchacho con vista lejana,
Remover escombros con una esperanza,
De encontrar la madre que él idolatraba,
Llenarla de besos y darle morada.

Vence la fatiga de manera extraña,
Lucha contra todo por esa mirada,
Sin darse ni cuenta que ya su camisa,
Que era blanca nieve es roja y ceniza.

Y que sus heridas sin que lo suponga,
Va a ser su trayecto a la felicidad,
Pues la muerte trae la tranquilidad,
Que es la paz eterna su finalidad.

Y ese tierno infante que dos años cuenta
Va de mano de otro que un lustro aparenta,
Que con su dulzura que atraviesa el alma,
Anima a su hermano con suaves tonadas.

Buscando disculpas en su argot de niños,

A sus desventuras y sus sacrificios,

La vida les dio brutal puñalada,

Ellos angelitos no saben la causa.

El crio la mira y sin comprender,

Con largo gemido pide de comer,

La niña le explica que papá se fue,

Y a acompañarlo, mamá fue también.

Pero desde arriba siempre velarán,

Porque no les falte ni casa ni pan,

Y el rapaz sonríe con gesto que muestra,

Todo un mundo limpio lleno de inocencia.

Y juntos los dos en su candidez,

Siguen la vereda de carroña y hez,

Yo me sobrecojo con la adversidad

Y les brindo abrigo, amor y amistad.

Mi congoja crece, crece por momentos,

Viendo este desfile de amargos sucesos,

La sangre la tengo tan alborotada,
Que arden mis sienes, tiemblan mis palabras.

Encierro las penas para mis adentros,
Alegro la cara y cambio de gesto,
Venzo mis creencias que ya no las tengo,
Y alivio las penas con mi falso aliento.

Fue una noche antes de La Noche Buena,
Rara, muy extraña, triste coincidencia,
El Señor nos trajo por anticipado,
Un regalo lleno de terror y espanto.

Fue un ruido tremendo y ensordecedor,
Fue un cielo nublado y con resplandor,
Fue un plañido, un grito, pavor confusión,
Fueron los dolores que Dios nos donó.

La tierra tembló y a su alrededor,
Con vidas humanas los barrios sembró,
De buenos y malos, justo o pecador,
No hizo distingos ni seleccionó.

Estas Navidades que no olvidaré,

Aunque pasen años lo recordaré

La angustia vivida me hace afligir,

Pesa de tal forma que quiero morir.

Managua tan llena de fuego y materia,

Parece el ejemplo de olvidadas guerras,

La desolación crea tal horror,

Que hasta el cementerio tiembla de temor.

Pero no es mortal quien lo ha producido,

Tan cruel destrucción obra es del destino,

Arrasada ha sido la urbe completa

Y sufre por ello la nación entera.

La gente se apresta para abandonar,

Todo aquel infierno de fatalidad,

Suenan las sirenas, tañen las campanas,

Y la alarma entera cunde en Nicaragua.

La confusión reina en la capital,

Y la huida entonces se hace general,

Cargan en la espalda, muebles y alimentos,
Penas, desventuras y amargos lamentos.

Se forman los ríos de sangre y materia,
Hasta entremezclarse con la negra tierra,
Y tiene el ambiente un fétido olor,
Que prohíbe el paso a su alrededor.

Todo junto muestra la consternación,
Que impera en los campos de Nuestro señor,
Crece la semilla que esta germinada,
Y la fe se pierde con vanas palabras.

Los saqueadores, viles alimañas,
Roban y aprovechan las penas pasadas,
Chupan de la herida, beben en la llaga,
No paran en penas, en dolor, en nada.

Viven de la muerte, del miedo que irradia,
Esta vista triste de la amada patria,
Solo se preocupan de recolectar,
Para sus bolsillos mayor cantidad.

Entran y se llevan lo que hay de valor,

Y apartan cadáveres por el corredor,

Salen de las casas gritos moribundos,

Que no los escuchan ni los hacen suyos.

Junto a estos tipos de tan cruel semblante,

Vi grandes contrastes en padres y madres,

Que vencen su angustia, vencen sus dolores,

Y ayudan a otros con santos fervores.

Epidemia y hambre amenaza ahora,

A esta ruda tierra que el dolor asola,

Más recibe apoyo de cualquier nación,

No importa su origen ni su condición.

Porque en las desgracias somos los mortales,

Muy unidos siempre como los amantes,

Que de catástrofes, pesares y llantos,

No conoce el cielo, ni reyes, ni santos.

Con la dinamita evitaran plagas,

Y se cubrirá con capa de nácar,

Y al pasar los años que todo lo mata,

Se levantará con nueva fachada.

Nuevas alegrías, dichas remozadas,
Harán que se olviden las cosas pasadas,
Dichas venideras nos demostraran,
Que el tiempo nos cura en su caminar.

Y de entre las ruinas volverá a surgir,
Con mucho más fuerza un nuevo país,
La naturaleza no podrá jamás,
Doblegar al hombre con tanta crueldad.

Eres poderosa lo reconocemos,
Pero todos juntos te derrotaremos,
Mientras uno exista no podrás ganar,
Batalla completa a la humanidad.

Cuanto más azotes con tu oculta fuerza,
Más afán pondremos en sobreponerla,
Y a pesar de tantas luchas intestinas,
Que van desangrando nuestra propia vida.

Un día vendrá en que finalicen,

Estos malos regímenes y sus directrices,

Que minan al mundo con mil cicatrices,

Que no sanan nunca y que nos maldicen.

Por culpa de líderes que mandan a cientos,

Con afanes claro de enriquecimiento,

Pero pronto el mundo se despertará,

Y esa ruin canalla se suprimirá.

Y entonces tendremos solo que bregar,

Con los golpes dado por la adversidad,

Y conseguiremos en nuestro planeta,

Ese paraíso que nos prometieran.

Alusivo al terremoto de Nicaragua (23-12-1972)

AMOR IMPOSIBLE

Me he ido enamorando de ti,
Poco a poco sin darme ni cuenta,
Ha caído semilla en la tierra
Y han brotado raíces en ella.

Lentamente has entrado en mi alma,
Tenuemente se prendió la hoguera,
Tu candor avivó la llama
Y en ceniza convierte mis penas,

Sigilosamente cual rama que se deja
Arrastrar por la corriente
Como hoja que llevada por suave brisa,
Va a morir en el fondo de la bahía.

Como nave sin rumbo, sin timón fijo,
Que navega al capricho de su destino,
Como suspiro ardiente que sin sentirlo,
Se nos pierde en lo inmenso del infinito.

Caí e tus redes muy suavemente,
Y estoy en ellas preso sin tu quererme,
Se tu respuesta sin preguntarte,
Si me quieres amar o ser mi amante.

Sé que tú vives prendada de otro,
Que solo miras por ver sus ojos,
Que el amor primero nunca se olvida,
Ni el ardiente beso del primer día.

A veces siento celos que llenan,
Como un fantasma mi vida entera,
Celos del hombre que te venera,
Que es mi enemigo en mis miserias.

Venzo con rabia mis sentimientos
Y no me engaño con falsos sueños,
Tengo que irme de este lugar,
Marcharme lejos para olvidar.

Que el tiempo cura en su caminar,
Cierra la herida, se acaba el mal,

De nuevo surgen bellas mujeres,
Que hacen que olvides viejos quereres.

Otros amores me harán pasar,
Esta congoja que es mi pesar,
Aunque al tocarlas, toque tu tez
Y me estremezca mi candidez.

Nuevas caricias susurrarán,
Que fue mejor no volver atrás,
Pero en mi mente siempre estarás,
Aunque mis actos lo negarán

Cuando la muerte toque a mi puerta,
Mis pensamientos irán con ella,
Con voz muy trémula la evocaré,
Y por vez postrera la adoraré.

TRISTEZA

Me dicen que mis penas,
Salieron de mi pecho,
Con fuerza inusitada,
Carentes de emoción.

Cuando las sombra triste,
De mis terribles sueños,
Se hunde en lo profundo,
De mi vana ilusión.

Utópicos caminos
De mi futuro incierto,
Recorren desgranando,
Mi macabra visión.

A mis seres queridos
Arrastran los lamentos
Con furia primitiva
Desborda este aluvión.

Y Siento en mis entrañas
Un tétrico goteo,
La comedia de Dante,
Descansa en el rincón.

La vida es la vereda
Que conduce al ocaso
Sentencia tan certera
Exalta la pasión.

¿Qué es la muerte?
¡La noche! , ¡La zozobra!
O la tierra prometida
Por sacra religión.

El abismo infinito,
Nos llama a sus entrañas,
Blasfemos profetas,
Atraen mi atención.

Se acaban estos versos,
Y mi lúgubre locura

La obra de teatro
Termina su actuación.

A UNA MADRE

Mi imaginación recorre
Caminos indescriptibles,
Cuando con respeto sacro,
A las madres se dirige.

La pluma tiembla en la mano,
La emoción me contradice
Y el poeta no consigue
La alabanza que persigue.

Las palabras no responden
A ese reto singular,
Que disculpen los rapsodas
Por a las madres glosar.

En la sala está sentada,
La ventana tiene abierta.
Juegan y cantan los niños
Y el alma se le embelesa.

La brisa muy suavemente,

Entra por entre las rejas,

Resaltando la belleza,

De la madre que allí espera.

El padre desde el rincón,

Hace que lee la prensa,

La madre en su corazón,

A todas partes lo lleva.

Esta escena familiar,

La conmueve fácilmente,

Porque piensa en el futuro,

Porque piensa en el presente.

El niño mira a su madre

Con la mirada la besa

Y se acuerda que le tiene,

Un regalo para ella.

Ha soltado la pelota,

Sube ya por la escalera,

Y se planta ante sus ojos,
Con su boquita risueña.

Cuenta que le va a decir,
Un poema que en la escuela,
Con una amor infinito,
Aprendió de su maestra.

El silencio se prolonga,
Con momentos de emoción
Y se interrumpe de pronto,
Con un beso y una flor.

Por eso te quiero tanto,
Por eso te doy mi amor,
Por eso con este verso,
Te entrego mi corazón.

Y aunque la rosa marchite
Y el beso te diga adiós,
Yo siempre estaré a tu lado,
Me necesites o no.

Este juramento hago
Y aunque pequeñito soy,
Lo guardaré en lo más hondo,
En preferente rincón.

Al transcurrir de los años,
Creceré y tú me verás
Y el cariño que te tengo
Con el tiempo aumentará.

Y cuando yo tenga hijos,
Tus canas respetaran
Y la promesa que hice
Ellos la continuaran.

El niño calló de pronto,
Su cara de porcelana,
Denotaba la alegría,
Con la risa que le irradia.

La lágrima recorrió,
Las veredas de su cara,

Como testigo impasible
De la emoción que la embarga.

En el almendro entonaba
El canario su nostalgia
Y lo hacía con tristeza,
Porque una madre lloraba.

Esta es la historia señores,
De una madre de un lugar,
Cuyo nombre no recuerdo
Pero no puedo olvidar.

EL AMOR

El amor es la pasión
Que logra mover montañas
Atravesar los barrancos
Y trepar por las cañadas.

Todos en alguna vez,
Hemos pasado esa racha,
De recorrer la vereda
Que a la adoración llevaba.

Dulce y amarga a la vez,
Llena de flores o espinas,
Tumultuosa en sus pasiones
Y tranquila en su desdicha

Y me fascina la luna,
La hierba buena y la albahaca,
Y el aroma de las flores
Y los pájaros que cantan.

Que tus labios son mi anhelo,

Son tus ojos mi atalaya

Tus suspiros mis tristezas,

Tus deseos mi esperanza.

Es tu cuerpo mi obsesión

Desnudarlo mi añoranza

Pues desprende seducción

Y exáltese su templanza

Si tú me quieres, el cielo...

Si tú me odias, la nada...

Que de la vida a la muerte,

Tu palabra me separa

Lucho por volver a ti,

Besar tus labios amada.

Aunque el veneno o la miel,

Sea el fin de la jornada

EL SEDUCTOR

Y al marcharme seductor,
Cuantas veces me dijeron,
Ríe ahora hechizador,
Que la risa no es eterna.

Y no lejos, un mañana,
Llorarás tú en mi lugar,
Mas yo creer no quería,
Esa falsa profecía.

Y yo necio me jactaba,
De querer y de no amarlas,
De olvidarlas y dejarlas,
Al terminar la ilusión.

Y las noches que pasé,
Con las mujeres así,
Las estrellas son testigos,
De los feliz que yo fui.

Es el cielo, es lo divino,
Es lo dulce de una espera,
Es el pago a una emoción.
La pasión de mis pasiones.

Pero todo fue distinto,
Pasaron, años, amores
Y con ellos tentaciones,
Dichas, penas y algo más.

Hasta que te conocí,
Yo de ti me enamoré,
O quizás de tu desdén
O tu orgullo de mujer.

Solo sé que suspiraba,
Cada vez que me mirabas,
Corazón por tu querer
Y ese fue mi error mujer.

Pues sabiendo que al quererte,
Iba a tener que perderte

Y sufrir hasta olvidar
Yo no supe retenerte.

Me porte cobardemente,
Al decirte falsamente
Como respuesta inclemente
Que lo nuestro fue amistad.

Y hoy arrepentido estoy,
De dejarte por temer,
No poder yo retener,
Tu corazón de mujer.

JESUS DE NAZARETH

En El Salvador creo con fe infinita,
Siempre que yo lo llamo Él me visita,
Sin importarle donde es la cita,
Acude porque mi alma lo necesita.

Él me acompaña en mis adentros
Convierte en oro mis sentimientos,
Y entonces nacen vivos deseos
Y se me olvidan los sufrimientos.

Todos los hombres son tus hermanos,
Es el mensaje que nos ha dado,
Entre el mendigo y el rico ufano,
Hacia el más débil, tiende la mano.

El camino es largo, duro y rocoso,
Al lado de Jesús es más hermoso,
Si eres agnóstico, Cristo es piadoso,
Y aunque lo niegues es bondadoso.

Las puertas del cielo abre al creyente,
Y con los apóstatas es indulgente,
De la cruz lo colgaron por insurgente,
Con sus asesinos Él fue clemente.

A la voz que reina en el universo,
Con respeto sacro, hago estos versos,
De sus enseñanzas quedamos presos,
Buenos y malos, pobres y cresos.

LOS TRES BUITRES

Tres buitres negros vuelan por mi patria
De amarillo pico y alas muy largas
Sus garras son grandes y bien afiladas
Siempre están dispuestas a rasgar el alma.

Hambre, Enfermedad e Ignorancia,
Esos son los nombres que Leviatán daba,
Ellos ensombrecen mi corta esperanza,
Viven de carroña y de la ignorancia.

Esa plaga inmunda hay que eliminarla,
Pero con firmeza, cognición, sin armas,
Solo con razones y conciencia clara,
En reyerta, unidos será desterrada.

A *Hambre* lo vamos con saña a luchar,
Preparando la tierra para cultivar,
Sembraremos trigo arroz y cebada,
Con buena cosecha será aniquilada

A **Enfermedad** con fuerza debemos pelear,
Medicinas y medios nos van a auxiliar,
Si también logramos que **Hambre** se vaya,
Esta gran batalla ya ha sido ganada.

A **Ignorancia** con cultura se va a combatir,
Esa arma mortífera le va a hacer sucumbir,
La proscribiremos de nuestra nación,
Con maestros, padres y coeducación.

Los tres buitres negros ya se han alejado,
Salud, cultura y siembra los han derrotado,
Ya vuelan muy lejos hacia otra población,
Hasta que en el mundo acabe ese horror.

MI CASA

Mi casa tiene cuatro columnas
A los puntos cardinales ellas apuntan
Una a poniente otra a occidente
Boreal y austral forman los frentes

A mi casa le gusta que el viento sople,
El ostro sopla al sur aquilones al norte,
Este y oeste de levante y poniente vienen
Y en la fachada una veleta señala al frente

Mi casa tiene una terraza
Que a sotavento está orientada
También tenemos un gran balcón
Que forma un círculo alrededor

¿Porque barreras? ¿Porque países?,
Si el mundo que yo oteo lo veo libre
Mi casa es franca tiene ocho puertas
Y todas ellas están abiertas.

Muchas deidades por ellas entran
Y sus creyentes oran y rezan
Chinos, hindúes y africanos
Todos hermanos se dan la mano

Mi casa tiene un patio central
Donde los dioses presente están
Desde los griegos a los romanos,
Cristianos, judíos y mahometanos

Mi casa posee un aroma a flores
Se oyen los cantos de ruiseñores,
Gardenias, jazmines petunias, rosas
Y algunas especies aún más exóticas.

Mi casa tiene un gran comedor
Por mesa el suelo y por techo el sol,
Allí todos los seres son similares,
No existe nada que los separe.

Mi casa tiene la cúpula de cristal
Para que los pájaros puedan anidar

Allí no hay cárceles ni oscuras rejas
Ni armas, ni escudos ni lo que hiera.

Mi casa la colman las golondrinas,
Palomas, tórtolas y margaritas
Y cuando paseo por el jardín
Yo me imagino el paraíso así.

En mi casa moran muchas especies
La fauna y flora muy relevantes,
En derechos y deberes todos iguales
No existen envidias ni veleidades.

En mi casa viven los animales
Los racionales e irracionales
Con los derechos de los mortales
Y se aborrece a los amorales

Mi casa tiene una chimenea
Donde se queman las apariencias,
Las injusticias y las negras penas
Entremezcladas con las miserias

El hombre es libre, es universal.

Los nacionalismos debe desterrar,

No se iza bandera que no esté manchada

De sangre, pecina, deshonra, o espada.

Las fronteras deben desaparecer,

Invento diabólico ha debido ser,

Son como los muros, paredes, murallas

Que nunca nos unen sino nos separan.

Mi casa es el mundo que yo imagine

Cuando era joven y ahora en mi vejez,

Estaba soñando, todo era ficción,

Solo el caos reina a mí derredor.

EXPRESIONES POPULARES

Vamos a intentar de aclarar en verso,
Algunas cositas que olvidar no quiero,
Expresiones que a veces no sabemos
Ni su significado ni su origen previo.

Voy a empezar por "me importa un bledo",
Un bledo es una acelga y por eso entiendo,
Que no me importa nada si esa frase empleo
Y acabar el verso con esta estrofa puedo.

"No vale un ardite" para personas y cosas,
Con ínfimo aprecio o que son poco valiosas,
Recordando la moneda de escasa tasación,
Que circuló por castilla con poca aceptación.

Ser "un cuco" toca ahora tratar de explicar,
Que es un pájaro muy listo y particular,
Pone en otro nido porque no quiere empollar,
Cuando decimos "cuco" muy vivo es el juglar

A buenas horas mangas verdes se solía usar,
Cuando a la policía apurada querían llamar.
Y como a la cita no solían con puntualidad llegar,
Al reclamar el color de sus mangas solían señalar.

La canuta era un pliego manuscrito y sellado,
Que el jefe entregaba al soldado licenciado
Y pasarlas canutas es estar bien fastidiado
Encontrarse en la calle sin trabajo y sin paro.

Oler a chamusquina es modismo popular,
De la inquisición venía a los libros calcinar,
Cuando hay indicios de que hago nos va mal
Con ese olor a quemado uno empieza a dudar

De la batalla bicoca ganada muy fácilmente,
Situada en Italia y venciendo a los franceses,
La bicoca es un regalo, una ganga, un chollete,

Un negocio singular con beneficio excelente.
Venir con monsergas es, el llegar a molestar,
Los relatos fantasiosos eran llamados sergas,

Los caballeros contaban sus historias sin parar,
Y había que evitarlos o mandarlos a callar.

"Fíate y no corras" de isabelinos y carlitas en la batalla,
Los de don Carlos postrados a la virgen ellos rezaban,
Cuando los soldados de Isabel sorprendieron y ganaban,
Fíate de la virgen y no corras le decían y se burlaban.

Y ahora pongo colofón a tanta palabra extraña
Que con corta explicación he intentado de expresarlas,
Tratando que conozcamos esas frases castellanas,
Las cuales origen antiguo todas ellas reportaban.

EL GRITO DE UN LOCO

No quiero morir sin dejar una huella,
Sin que mi sudor riegue la tierra,
Sin que mi voz clame en la sierra
De las injusticias que este mundo encierra

Que mi grito de loco insolente,
Retumbe en las trincheras
Que su eco a las fieras despierte
De su indolente espera.

Que juntos hombre y bestia,
Las viles angustias venzan
Y las flores les ponderan
Mientras viven su inocencia.

Hasta que mi sangre revolucionaria,
Se encolerice y de furia hierva
Ante las injusticias que me enervan
Levantar mi lanza pueda con fe ciega.

Mi mente enfurecida estalla molesta

Buscando descifrar las preguntas,

Que no encuentran respuestas

A las frecuentes y atroces guerras.

La indiferencia que el humano muestra,

En las tragedias y catástrofes de la tierra,

No importa el hambre, la muerte o la miseria,

Tan solo felicidad propia y riqueza cuentan.

PENSAR EN TI

Cuando pienso en ti,
Mi sangre fluye a raudales,
Con la fuerza incontenible
De tornados tropicales

Tu cuerpo azul de mar,
Con sabor a tierra y aire,
Rebelde como ninguna,
De marisma impenetrable.

Algo de montaña abrupta
O de bosque inescrutable,
Muy difícil de acceder.
Tan difícil de marcharse…

Mi amor que africano es,
Solo de dulzuras sabe,
A pesar de haber nacido,
Entre borrascas y males.

Y te acurruco en mi hombro
Y beso tus ojos grandes
Perfumados con jazmines,
Con magnolias y frutales

Y tiemblas muy lentamente,
Y te estremeces pues sabes,
Que muy junto a la pasión,
Habita un cariño grande.

Y te robo tus tesoros,
Como corsario implacable
Que sé que el oro que llevas,
Quieres que yo lo arrebate.

Y Selene está preciosa
Y el sol relumbra en el valle,
Y crecen las amapolas,
Entre ríos y pinares.

Entonces el corazón,
Veloz en el pecho late,

Y no hay vendaval que pueda,
Hacer que el amor se apague.

Y se contagian las flores,
Y vuelan feliz las aves,
Y los versos son veletas,
Que se mecen por el aire.

Y mis manos te acarician.
Como al laúd los ángeles,
Y la luna *Mamá Ungunda*,
Nos protege con su traje.

TAREA A LOS POLITICOS

Esta es la utopía a lograr para mi palacio de cristal
Que es el que usa el gobierno para las leyes crear
Desde fuera el ciudadano tendrá derecho a mirar,
Que sepa lo que sucede en cada estancia y lugar

Esa residencia tiene cuatro torres y un portal
Por donde todos los miembros han de pasar,
Los bolsillos transparentes habrán de llevar
Para que no exista duda de su integridad.

En esta entrada no existe un detector de metal,
Pero si detecta engaño, insidias e iniquidad,
Los políticos conscientes la tienen que superar,
Pues sino por esa puerta se tienen que retirar

En cada torre se hallan las lacras que hay que evitar
Y que a la población no lleguen es la regla principal
La primera torre el hambre la tiene que custodiar,
Esa fiera pestilente con cadenas debe estar.

En la atalaya continua se encuentra la enfermedad,
Pues la atención sanitaria debe ser la prioridad
A esta terrible bestia tenemos que desterrar,
Que con la gente más pobre esta se suele ensañar.

En la tercera almena el desalojo ha de estar,
Y no permitir que nadie no tenga su propio hogar,
Y que en la calle ni un alma sea obligada a morar,
Los que han sido elegidos esta norma han de lograr

En la última se encuentra, presa la desigualdad,
Que sean todos iguales no se pretende lograr,
Pero sí que muchos ricos y otros nada no ha lugar
Procurar que no suceda será la responsabilidad.

LOS NIETOS

Cuando uno está de vuelta de la azorada vida,
Los nietos es la centella que alumbra la bahía,
Con ellos hay rumbo norte, destino y travesía
Sin ellos el abismo, el caos, la noche, la anarquía.

Mi nieto es Mateo mi nieta es Martina,
Sus nombres: agua fresca, soberbia sinfonía,
Con ellos me emborracho de dicha y alegría,
Con ellos brota el verso con ritmo y poesía.

El primero es tempestad la segunda fantasía,
El uno es don de dios para mi es homilía,
La otra del dios marte el nombre se deriva
Pero la realidad es que la paz en su corazón anida.

Por eso cuando siento nostálgica caída,
Que traen a mi mente batallas ya perdidas
Y el viento de la noche con saña me castiga,
Queriendo que yo muera viviendo todavía.

Un pasamiento entonces, quizá una sonrisa
Repican las campanas con toques de alegría
El lago de los cisnes mis canas acaricia
Y yo me duermo entonces bañado por su brisa.

Cuando la fuerza falla y el alma ya dormida
Intentas del caballo soltar las bridas,
Las palabras del nieto sonrojan las mejillas,
Y continúa el galope en el corcel de la vida.

Su vida yo no puedo ni en sueños compartirla,
Pero si puedo que lleve en su alforja la mía,
Las malas y las buenas no todas fenecidas,
Cargadas de experiencias bañadas de porfías.

La abuela me contaba que cansada de la vida,
Que las agrietadas rocas roído habían
Los niños han marcado las pautas de su vida
Y quiere que la lleven hasta el fin de sus días.

Viviremos juntos recorriendo las vías,
Que el destino nos marque sin miedo ni codicia,

Con la única meta de disfrutar la dicha,

En el glaciar de sueño que ellos nos dictan.

A MI ESPOSA

Sentada en el trono, a la diestra del viejo sofá,
Esta nuestra reina, mía y de ellas,
Porque también las niñas te veneran,
Te sienten, te paladean, se recrean.

Y seguirán amándote pues el tiempo no cuenta,
Y brotará la música si la lira suena,
Y mientras vivas serás nuestra hada y princesa,
Deseando que la flor en árbol se convierta

Heroína sin nombre, incorpórea y etérea,
La dehesa del viento, de mis sueños quimera,
Al místico y oscuro pensamiento la luz llega,
Con nombre de esperanza y eco de tristeza.

Que no me faltes nunca, para que mi barco,
En los afilados y rocosos acantilados de la vida,
Zozobrar no pueda y con tu aliento de diosa,
Vigoroso y fresco le preñe las velas.

Para arribar al puerto que en lontananza espera,

Donde en la mar en calma el cielo se refleja

Y tres mujeres bellas en la bahía rezan,

En deseos que atraque el buque en la caleta.

Cuando estas triste. Mi corazón se hiela,

Permanezco cataléptico, inmóvil a la espera,

Conozco los motivos de tus sangrantes penas,

Las fuertes borrascas y las grandes ausencias.

Los locos pensamientos y el alma de poeta,

Todo forma parte del rutilante círculo,

De lo que nos separa y nos acerca,

Del ying y el yang de sol y lluvia envuelta.

Si yo pierdo el norte y el peligro acecha,

Silenciosa y certera tu sonrisa llega,

Llena de complicidad plena de fuerza,

Como bálsamo o pócima para aliviar la pena.

Una mirada, un gesto, una caricia...

Entonces mi metamorfosis se completa,

Pasando de oruga a crisálida sin darme ni cuenta,
Y las mariposas en nuestro estomago vuelan.

Estar a tu lado es mi clímax, mi tesoro,
En contacto nocturno, intelectual o probo,
Junto a tu ribera en tu cause aboco
Y así formar parte de tu mundo logro.

En tu lecho salado y dulce de pasión envuelto
Deja que nuestro deseos volcánicos,
Arrojen lava y fuego y que las cenizas
Cubran nuestros desnudos y ardientes cuerpos

A BASILIO

Lo que me obliga a escribir,
Estos versos sobre ti,
Es que al marcharte de aquí,
Es cuando más estás en mí.

Tu recuerdo nos lo trae,
Toda cosa que nos llega,
Porque tú eras mar y aire,
Cielo, tierra, luna, estrella.

Como cuentan de los santos,
Que existieron porque lo eras,
Respondías con sonrisas,
A los suspiros y quejas.

Y un chiste en una ocasión,
Y un consejo cuando alegra,
Que resbalaba hasta el alma,
Como la gota en la cera.

Las limosnas tú las dabas,
Sin que la izquierda supiera,
Solo pides como pago,
El alivio de las penas.

Y cuando estabas enfermo,
De gravedad conocida,
Y aun sabiendo que los años,
En horas se convertían.

Y que la muerte rondaba,
A tu puerta cada día,
Valor diste a otro enfermo,
Cuando valor no tenías.

Y ayudaste a vivir,
Sin pensar que te morías,
Pues las fuerzas de flaqueza,
Para el bien las disponías.

Aunque mueras, vivirás,
La religión me decía,

Ahora comprendo esa frase
Y la verdad que tenía.

Puesto no puede morir,
Quien dejo algo en la vida,
La obra se reproduce,
Crece, flota, se respira.

Serán sangre de tu sangre,
Tus nietos y sus familias,
Y todo lo que creaste
Y el bien que hiciste en vida.

Algún día lo negué,
Diciendo que no existía,
Mas ahora lo comprendo,
Que aquel que riega la dicha.

Es imposible que muera,
Existe en todo en la risa,
En el aire que respiro,
En la niebla, hasta en la brisa.

84

Es el viento que se escucha,
Soplar fuerte en la ventisca,
Son las olas de la playa,
Que acariciadoras brillan.

Es ese aroma de flores,
Que perfuma la campiña,
Es ese rayo de sol,
Que calienta y nos anima.

Está en todo, está en las aves,
En la sombra peregrina,
En el alto firmamento,
Esperando nuestra cita.

Para ti, lo prometido
Fue logrado y conseguido,
En el mejor de los sitios,
Del celestial paraíso.

Te tendrá Dios reservado,
Con tu nombre en fiel grabado,

A su diestra y a su lado,
Un lugar privilegiado.

Pues sin ser un fiel devoto,
E infringiendo algún mandato,
Cumplías con los preceptos,
Como el mejor de los santos.

Que las leyes de la vida,
Son el mejor mandamiento,
Hacer el bien sin fijarnos,
Sin saber porque lo hacemos.

Sien esperar recompensa,
Ni premio, ni pompa, ni arte,
Ni deseando recibir,
El fruto, porque sembraste.

Que el buen Cristo nos tendrá,
Las puertas del paraíso
Bien abiertas si morimos
Con sentimientos de niños.

Y por eso yo me postro,

Te idolatro y te bendigo,

Que a tal corazón de hombre,

Más que ante reyes me rindo.

SOY EL AMOR

Soy ese poder ultra divino,
Que convierte en acero mis músculos,
En fuerte y piadoso a la vez
Mi corazón de mármol y marfil.

En irreflexiva y temeraria
La mente fría y calculadora,
Lo puedo todo...todo es posible.
Subir encumbradas montañas,

Levitar por los aires,
Atravesar grandes lagos
E intrincadas selvas,
Llenas de incalculables peligros.

No me tocan, rehúyen mi contacto,
Me temen...soy omnipotente,
Soy el amor. Cupido y Baco a la vez
Las fieras me husmean, Su instinto les aleja,

Soy temible, invencible, impenetrable,
Buscan sus cubiles sus madrigueras.
Entre ellas paso fugaz como la luz,
Intocable como el viento,

Inconmensurable como la naturaleza,
Inmutable como un dios.
Me protegen, me amparan.
Son mis aliados.

Si tú me esperas al final del camino,
No hay fuerza humana ni divina,
Capaz de detenerme, llegaré...
No importa cuánto tarde,

Ni a quien me enfrente
¡Acudiré a la cita!
Enllagadas las manos,
Hecho ceniza las entrañas

No desfalleceré, seguro
¡Oh! ¡Cómo me conozco!

Lo finito no existe en mí.
Soy universo y galaxia a la vez

Mientras tu aliento no falle,
A través de él respiraré,
Será mi refugio...mi puerto.
Tus recuerdos serán mis velas

Tus ojos mis faros
Tú estela mi meta.
Las dificultades de la marcha,
Son mi acicate, ellas me dan fuerza

De ellas me sustento. Imposible
No me digas que renunciaste al amor,
Por ese vocablo, frio, sin sentido,
Disculpa de almas débiles.

Cuanta falacia se esconde,
En tan cobarde argumento.
Luchar, pelear y vencer
Si una batalla pierdes empezar otra vez

¿Desistir, abdicar? ¡Nunca!

Ni el tiempo ni la distancia

Aunque se oponga el mundo

Y aunque tiemble la tierra

Ningún obstáculo es válido

Si el amor espera

Y si yo creo en ella

Aún después de muerto

¡Te encontraré mi bella!

Por entre las nubes o por las tinieblas

En el ancho cielo. En la mar siniestra

O entre las tumbas o sobre las estrellas.

DÉJAME

Déjame con mis versos...
Déjame con mis penas...
Déjame con mi vida…

Márchate con tus dudas...
Márchate con tu gloria...
Márchate con tu estima…

Vuelve con tus amantes,
Vuelve con tu zozobra...
Vuelve con tu mentira.

Triste queda la casa...
Triste la estrella queda,
Triste queda la brisa.

Lloran las amapolas...
Lloran las azucenas...
Lloran las siempre vivas.

Bésame con ternura...
Bésame con denuedo
Bésame con malicia

Quédame tu recuerdo
Quédame tu fragancia
Quédame tu sonrisa.

LA MUERTE

Así la conocí yo.
Esperando en una silla,
Deseando conocer
Como del parto salía

Desde que nací sentí
Cuál era su necrofilia
Allí ella pretendía
Ofrecerme su homilía.

Así siempre la veía
En los momentos cruciales
Que pasaron en mi vida
Compañera en mis porfías

Tanto llegue a conocerla,
Que se convirtió en mi amiga
En reyertas y peligros

Siempre acudía a la cita.

Cuando recorría África,
Día a día la advertía
Si no al pie del camino
En las chozas se metía.

Disfrazada de malaria,
Viruela y peste amarilla,
Cuando no de hambruna
O sida ella siempre se vestía.

Y por más que la ahuyentaba,
La huesuda aparecía
En la sombra de la noche
O cuando el sol ya salía

Con el pasar de los años,
Se fue agotando mi vida
Y la parca ya se encuentra
Rondando la casa mía

Ahora que me encuentro viejo,

Como anciano va vestida,

Con un reloj en su mano

Y en su boca una sonrisa.

No ha llegado a comprender,

Que yo nunca la temía,

Que forma parte indeleble

Del destino de la vida

Ningún dios ni satanás,

He sabido si existían,

Mas la muerte sin dudar,

Siempre la topo en la vía.

LA EDAD DE ORO

Cuando uno llega a viejo
Se abre un mundo lleno,
De silencio, de zozobras.
De angustias y de miedos.

De acordarse del pasado,
De olvidarse del presente
De tristes pensamientos
Y del futuro incierto.

De sorpresas agradables
Y de crueles desconsuelos,
De inesperadas visitas
Y de abruptos terrenos

De mimar a los nietos
Y tener enfrentamientos
Con los irreflexivos hijos.
De pensar en los muertos.

De comenzar a vivir
Los pequeños momentos
De respirar aromas
Y de vivir de los sueños

De vernos como niños,
Y que no pidan consejos
A los que llevamos dentro,
Un saco de oro lleno

Pero así es la vida de cruel
Y de brutal esperpento
Cuando piensan que solo
Servimos como ejemplo

Quiero vivir intensamente,
Y hacer cada minuto eterno,
Y convertir en fiestas
Los instantes postreros.

Y danzar algún tango,
Y hasta bailar un bolero

Reviviendo la pasión
Que sentía de pequeño.

Amar intensamente
A la mujer que quiero
Y si esa suerte no tengo,
Enamorarme de nuevo.

Y tener como amantes,
La luna, el sol, el cielo,
Y dejarles en prenda
Mi respeto más eterno

Y celebrar la boda
Con festines y con juegos
Y reírme como loco,
Al compás de mis secretos.

Y recordar los poemas
Que escribí siendo pequeño
Y recitar mis versos
Con acento bohemio.

E izar la copa al sol,
Brindando por Morfeo
Y no pedir perdón
Por lo hecho o no hecho.

Yo no quiero hospitales,
De tétricos recuerdos,
Ni cama donde muera
Mi displicente cuerpo

El aire de la noche
Que refresque mi mente,
Que congele el dolor
Y que duerma mi cuerpo.

Que de Beethoven traigan
A mi tumba los vientos
Su quinta sinfonía
En mi final eterno.

Que no me llore nadie
Ni familia ni deudos

En mi póstumo adiós

Me acompañe el silencio

POETA POR GOOGLE

Hoy en día para ser poeta,
Es cosa sencilla y nada secreta,
Tener una idea, vestirla de fiesta
Y después lograr la forma correcta.

Que quieres palabras que empiecen por "u",
Aprieta una tecla y encuentra un baúl,
Que quieres rimar terminando en "ente"
En google pregunta y encuentra un torrente.

Un ejemplo expongo de forma corriente:
"Encontré a Clemente que estaba paciente,
Esperando al sol que por el poniente
Empieza a ocultarse sabia y puntualmente"

Entonces la gente de forma eminente,
Enciende las luces inmediatamente
Queriendo evitar muy especialmente,
Que haya un accidente por no ser prudente.

Y así yo podría de forma indolente
Inventar relatos poco coherentes,
Pero los lectores son inteligentes
Y a la porra iría justa y sabiamente.

Ya yo me despido que sean pacientes,
Con este que escribe de forma fehaciente
Que es un ignorante y algo inconsciente,
Redactando versos tan horriblemente.

Si una risa arranco inocentemente,
La misión cumplida es cosa evidente,
Les pido perdón muy sinceramente
Y que me disculpen si fui impertinente.

ESTROFAS LIBERTARIAS

La violencia en el pueblo,
Está mal vista
Y quienes la practican,
Son terroristas.

Si es violento el estado
Y su policía,
Dicen que ellos no matan,
Que ejemplarizan

Eso que las naciones,
Llaman justicia,
De temores nos llena
A los pacifistas.

Espero que con el tiempo,
Cambie el concepto
Y el terror se critique,
Sin miramientos.

LA TAUROMAQUIA

Al toro de lidia lo debo prosar
A ver si consigo los versos rimar
El astado es ejemplo de furia y valor
Y al público timan con falso esplendor.

Por el prado dejan que corra vivaz,
Para que se crea que está en libertad,
Es solo un señuelo que hace el capataz,
Pues solo la muerte será su final

Los cuernos grandes deben obtener
Si quieren contenta a la afición poner
El pecho fornido suele convenir
Para que el taurino pueda de gozo rugir

Que embista, que corra, que bufe y luchar,
Que tenga bravura, arresto y fiereza letal
Es esa la planta que debe aportar
Para que la infame turba pueda disfrutar

El paseíllo comienza y la fiesta va a empezar,

Viste de luces el torero, la cuadrilla lista está,

Los alguaciles, los banderilleros y los picadores

Forman parte todos del circo de horrores.

La bestia se somete a una gran tortura,

Con Las banderillas como cruel locura,

Desgarran con ellas piel, musculatura,

Tejidos internos y que hemorragias sufra.

En caballo pardo llega el picador

A martirizarlo con gran esplendor,

Remata el trabajo que ya se inició,

De ese ensañamiento no hay parangón

Entonces el torero con fausto abolengo

Con paso fehaciente se dirige al ruedo,

Una Fregolina, la Manoletina y el aplauso tengo

De rodillas le enseño la espalda y al bicho lo tiento

El toro jadea, el diestro lo cita, la espada no falla,

Lacera pulmones, la pleura el diafragma, el lance se zanja,

Pañuelos al viento, reclama la plaza el rabo y orejas,

Conceden al diestro el bestial trofeo, la vista es macabra.

Al pobre animal lo arrastran a desollar

El arenero excreción y sangre tiene que limpiar.

De manera tan aleatoria acaba esta triste historia

Y que nunca se borre de nuestra memoria.

MIEDO AL AMOR

No quiero que te enamores,
Yo no quiero que en mi pienses,
Que a los rápidos del rio,
No te arrastre la corriente.

Que tú te sientas feliz,
Cuando te roce la frente,
Con mis manos que han vivido
O con mis labios ardientes.

No deseo que haya lágrimas,
Ni tristezas, ni lamentos
Al haberme conocido
O al amarte tiernamente.

Que no te ciegue la luz,
Cuando sale por oriente,
O que los rayos del sol
Hagan que los ojos cierres.

Solamente pido yo,
Oportunidad de verte,
Llena de felicidad
En tu tierra y con tu gente.

La pasión me ha desbordado
Y me pregunto, ¿es prudente
Que no exista la mesura,
En los amores calientes?

Y aunque cobarde no soy,
Temor yo tengo a perderte,
Pero también el ser esclavo,
Me hace que sea paciente

Me retiraré algún tiempo,
Aunque parezca indolente,
A ver si al pasar los meses,
El amor está aún presente.

LAS ROSAS

Escarlatas rosas llenas de pasión
A las blancas rosas llevan la emoción.
Rosas amarillas que desilusión
Y rosas azules que rara invención.

Rosas de cicuta... rosas de traición,
Rosas de pobreza son meditación.
Rosas de la guerra... ¡Cuánta destrucción!
Espinas sin rosas es desolación.

Entre tantas rosas mi indomable amor,
Con rosas muy negras al cielo subió.
Y todos los pétalos no importo el color,
Están perfumando el reino de dios.

CONTENIDO

www.ingramcontent.com/pod-product-compliance
Lightning Source LLC
Chambersburg PA
CBHW071353090426
42738CB00012B/3106